NICAISE, PEINTRE,

OPÉRA-COMIQUE, EN UN ACTE ET EN PROSE,

PAR LE C. LÉGER.

Représentée pour la première fois, à Paris, sur le THÉATRE DU VAUDEVILLE, le Mardi 26 Février 1793.

Prix 25 sols.

A PARIS,
Chez le citoyen CAILLEAU, Imprimeur-Libraire, rue Gallande, N°. 64.

L'an second de la République française.

PERSONNAGES.	ACTEURS.
	LES CITOYENS
VERMILLON.	*Vertpré.*
NICAISE.	*Léger.*
ROSE.	*Ce. Fleuri.*
CHARLOTTE.	*Ce. Barral.*

La Scène se passe dans l'Atelier de Vermillon.

NICAISE,

PEINTRE.

Le Théâtre représente l'attelier d'un Peintre. Sur le devant de la Scène est une pierre à broyer les couleurs ; de chaque côté de la Scène on voit un cabinet avec une fenêtre au-dessus de la porte.

SCENE PREMIÈRE.

NICAISE, *seul.*

BON, me v'la rentré sans que personne ne m'ait vu : j'ai été un peu long-temps, aussi je crois que l'parrain doit être dans une fameuse colère... C'est égal, me voilà toujours assez tôt revenu pour diner avec Rose, ma jolie petite cousine que j'adore, quoique Charlotte, not' vieille gouvernante prétende venir sur les brisées de not' ardeur.... Avec tout çà, c'est un joli métier qu'd'apprendre à peindre, et sur-tout de remettre les portraits à leur adresse.

AIR : *C'est le gros Thomas.*

Quand ils sont flattés,
C'est ça qu'est un'bonne affaire,
Les gens enchantés,
Pay'nt fort bien c'qui sait leur plaire.

Témoin tantôt, c'te vieille prude qu'a fait faire son portrait pour son directeur. J'arrive ; le saint homme étoit là... dès qu'il voit l'ouvrage, v'là qui s'met à crier : mon doux Jesus !

Quels traits séduisans !
Vous n'avez pas vingt ans.

La dam' qui n'se sentoit pas d'aise ;
M'dit tout bas, mon petit Nicaise,

En m'glissant l'assignat que j'accipe.

Ton parrain vraiment
Est un peintre charmant.

A la ru'Bourg-l'Abbé;
D'là je cours avec vitesse:
Chez un jeune abbé
Qu'a fait peindre sa maîtresse:
Oh! dam' ces amoureux,
Ça paye encor bien mieux.

Sophie! ma chère Sophie, qui s'met à dire en la voyant; elle est charmante; parole d'honneur elle est charmante... Tiens, mon enfant, prends et laisse-moi, je suis pressé, et il me lâche la pistole en numéraire.

J'reste tout ébahi d'ses largesses;
Mais pourtant en fait de maîtresses
A part moi j'ai songé,
Que rien n'coûte au Clergé.

SCÈNE II.

VERMILLON, NICAISE.

VERMILLON.

Ah! vous voilà enfin arrivé? qu'êtes-vous devenu depuis le tems que vous êtes sorti.

NICAISE.

Dame! écoutez donc, parrain, c'Paris est si grand... c'n'est pas ma faute si je ne sais pas l'chemin, et puis tenez, faut-il vous dire la vérité?

VERMILLON.

Hé bien?

NICAISE.

C'est que j'ai fait une petite connoissance.

VERMILLON.

Comment une connoissance!

NICAISE.

AIR: *Une petite fillette.*

V'LA qu'en passant dans la rue,
Je regardois par-ci par-là;
Une bell' dame s'offre à ma vue,
En m'faisant un sign' comm' ça;
Petit, petit,
Qu'il est gentil!
Oh! comme il est d'une belle venue!
Là dessus je redouble le pas;
Je m'approche et lui dit tout bas;

J'vous jur', mamzell', qu'en fait d'appas,
Si j'en ai vous n'me cédez pas;
Non vraiment, vous n'me cédez pas.

VERMILLON.

Ensuite.

NICAISE.

On n'est pas plus aimable, qu'elle me dit: où demeurez-vous, mon bon ami? mamzelle, que j'dis, j'demeure chez le citoyen Vermillon, mon parrain, qu'est peintre rue Bétizi, N° 49, au deuxième au-dessus de l'entresol, où c'que j'suis tombé pour apprendre à faire des Vénus à l'huile, des graces au pastel, et des amours à la gouache.

VERMILLON.

Fort bien.

NICAISE.

Mais, Dieu m'pardonne, c'est mon cousin, qu'elle s'met à dire: hé, mon ami, que j'suis aise de vous rencontrer: pourroit-on vous proposer à déjeuner? volontiers, que j'dis: une cousine, une jolie femme, et un bon repas, sont trois choses auxquelles Nicaise n'manquera de sa vie.

VERMILLON.

Et vous avez accepté!

NICAISE.

Pardienne! vous croyez peut-être qu'on n'sait pas vivre?

VERMILLON.

Ah! voilà donc la raison de vos absences fréquentes! c'est pour aller faire des orgies avec les premiers venus.

NICAISE.

Tenez, parrain, n'grondez pas: si j'vas dîner en ville, c'est d'votre faute.

VERMILLON.

Comment de ma faute! vous manque-t-il quelque chose ici?

NICAISE.

AIR: *Nous nous marierons Dimanche.*

Je ne suis pas fait,
Je le dis tout net,

Pour toujours vivre d'abstinence.

VERMILLON.

Comment, malheureux,
De mes soins nombreux,
Voilà donc la récompense ?

NICAISE.

Sur ça, parrain,
C'n'est pas envain
Que j'tranche.

VERMILLON.

Allons, Monsieur,
Que votre humeur
S'épanche.

NICAISE.

Je ne vous reproche pas c'que vous me donnez ; mais vous savez bien que chez vous....

On n'dine Jeudi,
Vendredi
Ni Samedi,
Et qu'on jeûn' souvent le Dimanche.

VERMILLON.

A merveille.

NICAISE.

Vous conviendrez que c't'ordinaire là n'est pas régalant pour un jeune homme de bon appétit.

VERMILLON.

Ah, vous vous plaignez ! hé bien, Monsieur, vous n'avez qu'à retourner avec votre belle.

NICAISE.

Ma belle ! elle m'a joliment mis dedans, allez.

AIR : *De la Marmotte.*

Il est bon de vous dire,
Qu'en déjeûnant tous deux :
Je l'entens qui soupire,
Moi, j'soupire encor mieux ;
J'lui prends la main, ell' m'la donne ;
Et j'sens son cœur qui bat ;
Oh ! mais qui bat ; non personne
N'a vu pareil sabat.
Moi j'lui dis comm' ça, mamzelle,
Ne fait's donc pas tant d'bruit ;
C'tictac m'fait tourner la cervelle,
Et perdre l'appétit.

Ca v'là qui s'met à rire :
C'étoit ben engageant ;
Moi je m' mets à lui dire,
Qu'ça n'étoit pas décent :
Adieu, cousin, pauvre hère,
Tu m'fais pitié vraiment :
Ecoutez, écoutez donc mamzelle.
Que signifi' c'te manière,
Parlez plus poliment :
Sans me répondre ell' me laisse ;
Et comme un maître sot,
J'voulois payer sa tendresse,
Et je n'ai payé qu' l'écot.

VERMILLON.

Hé bien, Monsieur le libertin, pour éviter pareille chose à l'avenir, vous ne sortirez plus ; Charlotte vous tiendra compagnie.

NICAISE.

Tardinne ! ça fait encore un joli modèle, votre Charlotte. Imaginez-vous qu'elle est toujours à me parler de mariage : mon petit Nicaise, qu'elle me dit, j'suis encore fille ben vrai ; j't'aime à la folie, c'est sûr ; et si tu veux m'épouser, tu s'ras le plus heureux des hommes ; moi, je lui réponds, mamzelle, vous êtes encore fille, c'n'est pas de votre faute, vous m'aimez à la folie, c'n'est pas de la mienne, et pour vous épouser, ça n'se peut pas, parce que mon parrain m'a promis mamzelle Rose qu'est au moins aussi fille que vous et que j'aime davantage.

VERMILLON.

Hé bien, Monsieur, vous ne l'aurez pas : je ferois vraiment un joli cadeau à ma pupille, en lui donnant un mari qui tient une pareille conduite.

NICAISE.

Je vous jure, parrain, que ça ne m'arrivera pas davantage.

VERMILLON.

C'est bon, c'est bon ; à l'ouvrage, vite ; nous n'avons encore rien fait d'aujourd'hui.

NICAISE.

Oh ! je le veux bien : il n'y a rien dans l'monde qui m'amuse comme la peinture.

VERMILLON.

AIR : *La Comédie est un miroir.*

C'est de tous les arts en effet,
Le plus beau, le plus difficile ;
La nature brille et renait
Sous le pinceau d'un peintre habile :
Par lui, la beauté, la vertu,
De tous côtés se multiplie ;
Pour consoler l'homme abattu,
A la mort même il rend la vie.

Avec quel plaisir cette main
Rendra tous les traits d'héroisme,
Qu'aux bords de la Meuse et du Rhin
Enfanta le patriotisme.

NICAISE.

Il en faudra, j'crois entre nous,
Choisir quelqu'uns par préférence :
Si vous vouliez les peindre tous,
N'y auroit pas assez de toile en France.

SCÈNE III.

ROSE, NICAISE, VERMILLON.

Rose arrive mystérieusement, se place à côté de Nicaise : Vermillon a un tableau disposé de manière à lui cacher les deux amans.

NICAISE.

BON JOUR, mamzelle Rose.

ROSE.

Bon jour, Nicaise.

NICAISE.

Vous venez donc travailler avec moi ?

ROSE.

Tu sais qu'auprès de toi, j'ai plus de cœur au travail.

NICAISE.

C'te petite cousine, elle est toujours aimable comme à l'ordinaire.

VERMILLON.

Hé bien, Nicaise, êtes-vous à l'ouvrage ?

NICAISE.

Parrain, v'là que je commence.

ROSE,

ROSE.

Ça, travaille, ou je m'en vas.

NICAISE.

Vous savez, qu'auprès de vous, je ne peux faire que l'amour; v'la bientôt l'temps où c'que mon parrain m'a promis c'te jolie main....

VERMILLON.

Quelle touche hardie!

ROSE.

Monsieur Nicaise, si vous n'êtes pas tranquille, j'vais me retirer.

VERMILLON.

Hé bien, Nicaise, ça va-t-il?

NICAISE.

Parrain, ça va.

VERMILLON.

Et le coloris?

NICAISE, *embrasse Rose.*

Le vl'a qui vient.... c'pauvre cher homme; il s'croit subtil, et je l'attrappe toujours....

VERMILLON.

Bravo! je les tiens.

AIR: *Sans cesse il osait déclamer.*

Comme il est peint ce tendre amant,
Près de sa douce et chère amie!
Comme il a l'air vif et pressant;
En résistant qu'elle est jolie!
Avec ame il presse une main
Qu'on n'a pas trop l'art de défendre;
Puis sa bouche dérobe enfin
Un baiser qu'on lui laisse prendre.

(*Nicaise et Rose font en même-temps la pantontime du couplet.*)

VERMILLON.

C'est ça, c'est bien ça.... A merveille; je crois que vous ne faites rien, Monsieur?

NICAISE.

Pardonnerez, je suis aussi avancé que vous.

VERMILLON.

Vous avez de charmantes qualités : fainéant et libertin.

ROSE.

Comment libertin !

NICAISE.

Laissez donc c'est de son tableau qu'il parle.

VERMILLON.

Je sais bien que vos déjeûners avec ces belles que vous trouvez en chemin vous amusent plus que l'ouvrage, mais tout cela aura une fin.

NICAISE.

Cousine, faites-moi le plaisir de vous en aller ; il va s'appercevoir que vous êtes là.

ROSE.

Non pas, Monsieur, je suis bien aise d'être informée de votre conduite.

VERMILLON.

Quant à vot' mariage avec ma pupille, je crois qu'il n'en sera pas question long-temps, quand je l'aurai surtout instruite de vos jolies petites équipées.

NICAISE.

Ma petite cousine, n'en croyez pas un mot.

ROSE.

Ah ! voilà comme vous vous conduisez, c'est bien, Monsieur.

NICAISE.

Mais écoutez donc.

ROSE.

AIR : *Des simples jeux de son enfance.*

Non, je ne ne veux plus rien entendre ;
On ne me trompe pas deux fois.
Voilà de l'amour le plus tendre,
Quel est le prix que je reçois.
Je renonce à vous pour la vie,
Le partage est trop inégal,
En fait d'amour, comme en peinture,
On ne veut point de la copie,
On veut avoir l'original.

(*Elle sort en colère.*)

SCÈNE IV.

VERMILLON, NICAISE.

NICAISE.

ALLEZ, parrain, c'est ben agréable d'vous confier des secrets; vous savez joliment les garder.

VERMILLON.

C'est dommage en vérité.... Ah! ça, je vais m'habiller pour sortir; broyez-moi ces couleurs, et que cela soit fini quand je rentrerai.... entendez-vous.

SCÈNE V.

NICAISE, *seul.*

ME v'la ben avancé, moi. Rose est fâchée contre moi, et puis faut que j'travaille encor.... Allons, allons, j'vas bientôt vous avoir abrégé la besogne.... Il y a des imbécilles qui s'amuseroient à broyer toutes ces couleurs-là les unes après les autres; j'vas vous rettaper ça tout-à-la-fois, moi, ça s'ra ben plutôt fait.

AIR: *Quand le Magister me dit, Jacquot.*

Mon parrain me répèt' souvent,
Qu'c'est une tell' chose que l'ouvrage.
Mais quoiqu'ça, j'nai pas l'avantage
De partager son sentiment:
J'suis d'un singulier caractère,
Faut en convenir pour mon honneur:
Je ne travaille avec ardeur
Qu'pour avoir le temps d'ne rien faire.

(Faut qu'ça soit une vertu de famille.)

N'y a qu'des paresseux aujourd'hui,
M'disoit jadis, défunt ma tante:
C'est envain que j'm'impatiente,
Je n'peux rien tirer d'mon mari;
Du simple et premier nécessaire,
Il m'laiss' manquer le plus souvent;
Car s'il travaille un p'tit moment,
Il est plus d'un mois à rien faire.

Je crois que j'entends mamzelle Rose... Tiens, c'est la vieille sempiternelle.

SCÈNE VI.

CHARLOTTE, NICAISE.

CHARLOTTE.

BON JOUR, mon bon ami.

NICAISE.

Mamzelle Charlotte, votre serviteur.

CHARLOTTE.

J'étois si pressée de revenir vers toi, que je suis toute essoufflée.

NICAISE.

C'est joli.

CHARLOTTE.

Ecoute, Nicaise, tu sais que je t'aime.

NICAISE.

C'est bien honnête de vot' part.

CHARLOTTE.

Les petits présens, dit-on, entretiennent l'amitié; voilà une jolie petite tabatière dont je te fais cadeau.

NICAISE.

Mamzelle, je l'accepte...

CHARLOTTE.

J'y mets pourtant une condition; c'est que comme tu as du talent pour la peinture, il faut que tu fasses mon portrait.

NICAISE.

Vot' portrait: bah! on l'a déjà fait plus de cent fois.

CHARLOTTE.

Comment cent fois!

NICAISE.

AIR: *Nous sommes Précepteurs d'amour.*

Ces yeux fripons, cet air malin,
Ce nez r'troussé, ces traits uniques,
Serv'nt de modèle à mon parrain,
Quand il veut peindre les antiques.

CHARLOTTE.

Tu me flattes, coquin!... C'est égal... Mais dis-moi, comment t'y prendras-tu pour faire mon portrait?

NICAISE.

Comme vous voudrez.

CHARLOTTE.

Si l'on le voyoit entre tes mains, on pourroit en jaser; il faut un peu le déguiser.

NICAISE.

AIR: *Vaudeville de l'Officier de Fortune.*

Pardi! je ne suis pas une bête:
Je sais c'qu'on fait en pareil cas;
Mamzelle j'vous peindrai sans tête,
J'suis sûr qu'on n'vous r'connoîtra pas:
Ou si vous craignez c'que j'ignore,
Que vos traits ne soient trop connus
Pour mieux vous déguiser encore
J'n'aurai qu'à vous peindre en Vénus.

CHARLOTTE.

Même Air.

L'idée est vraiment admirable,
Donne m'en bien les attributs;
L'œil fripon, le sourire aimable,
Le port léger, mais rien de plus.
Si dans ce tableau sur mes traces,
Tu pouvois te peindre à ton tour;
Je serois la mère des Graces,
Qui tendroit les bras à l'Amour.

NICAISE.

Ça f'roit un joli coup-d'œil.

CHARLOTTE.

Tiens, Nicaise, serre-moi ce pannier là. Ce sont de petites provisions que j'ai faites pour nous régaler quand ton parrain sera sorti.

NICAISE.

Oh! Mamzelle Charlotte, c'est trop galant.

CHARLOTTE.

Je crois entendre quelqu'un: adieu; je reviendrai dès que je pourrai m'échapper.

SCÈNE VII.

NICAISE, *seul.*

BON ! v'là une bonbonnière que j'vas offrir incognito à ma cousine ; c'est une attention dont elle me saura gré... Si je mangeois avec elle les provisions de la vieille. . . . Ça s'roit-il un procédé honnête ?... Eh ! pourquoi pas ?...

AIR : *Du Vaudeville de l'Isle des Femmes.*

J'dois peindre Charlotte en Vénus.
Sous les traits d'l'amour j'ai peint Rose ;
Ainsi je ne redoute plus
Qu'on r'clame un bien dont je dispose :
Je puis l'offrir sans nul détour
A cell' pour qui mon cœur pétille :
C'que j'tiens d'Vénus r'tourne à l'amour,
Ça ne sort pas de la famille.

V'là ma cousine, cachons not' présent ; il faut savoir donner à propos.

SCÈNE VIII.

ROSE, NICAISE.

ROSE.

AH ! j'vous trouve seul enfin, M. Nicaise.

NICAISE.

AIR : *Quoi ! ma voisine es-tu fâchée.*

Contre moi vous êtes fâchée ;
J'en suis fâché.

ROSE.

Être d'une beauté cachée
L'amant caché,
C'est un affront impardonnable.

NICAISE.

Mamzell' pardon :
Une fill' comm' vous raisonnable
Entend raison.

ROSE.

Eh ! que me direz-vous pour justifier vos jolies petites équipées ?

NICAISE.

C'que j'vous dirai. . . . c'que j'vous dirai ! . . . . J'vous dirai que je vous aime, que l'parrain vous a trompée sur mon compte, et que j'défie à toutes les belles possibles d'effleurer seulement la tendresse dont je suis pénétré à votre égard.

SCÈNE IX.

VERMILLON, ROSE, NICAISE.

VERMILLON.

COURAGE; n'vous gênez pas.

NICAISE.

Aye, aye, nous voilà pris.

VERMILLON.

Ne vous avois-je pas défendu, Mademoiselle, d'écouter ce libertin ?

NICAISE.

Parrain, c'est vrai : mais nous vous croyions sorti.

VERMILLON.

C'est-à-dire que vous profitez du moment de mon absence pour. . . .

NICAISE.

Parler, et pas davantage.

VERMILLON.

Parler... Hé bien vous ferez la conversation de loin, car vous allez me faire le plaisir de monter dans votre chambre, et vous, Mademoiselle dans la vôtre.

NICAISE.

Hé bien ! me v'la joli garçon.

VERMILLON.

Allons, Mademoiselle, avançons, je suis pressé.

NICAISE.

AIR : *Nous sommes Précepteurs d'amour.*

On ne sauroit plus qu'moi, je crois,
Avoir des sujets de tristesse;
Car c'est trop de manquer à la fois
Un bon repas et sa maîtresse.

VERMILLON.

Allez donc, mauvais sujet.

NICAISE.

Bien obligé, parrain.

SCÈNE X.

VERMILLON, CHARLOTTE.

VERMILLON.

MAINTENANT je puis m'absenter avec sécurité.... Écoutez, Charlotte, je viens d'enfermer nos jeunes gens sous la clef; je vous recommande de veiller expressément à ce qu'ils ne sortent pas jusqu'à mon retour.

CHARLOTTE.

AIR: *Cet arbre apporté de Provence.*

Vous pouvez avec confiance,
Sortir sans rien redouter d'eux;
Soyez certain qu'en votre absence
Je ne les perdrai pas des yeux:
Comme votre honneur m'intéresse,
Je les surveillerai vraiment
Avec le soin qu'un maitresse
Met à surveiller son amant.

VERMILLON.

Je ne rentrerai pas diner probablement, ainsi vous pouvez ôtez le couvert..... Beau tableau.... magnifique, étonnant; c'est bien...

SCÈNE XI.

CHARLOTTE, *seule.*

IL ne rentrera pas... Tant mieux: j'aurai le tems de goûter tête-à-tête avec mon bon ami Nicaise... Il est là... tout seul... Il s'ennuie... Et je le souffrirais.... Non certainement... mais le décorum... le décorum...

AIR: *Un jour Guillot trouva Lisette.*

Peut-on blâmer un cœur sensible
D'être touché du mal d'autrui?
Non, non, certes, c'est impossible;
D'ailleurs je suis seule avec lui.
Un moment!....mon honneur, ma gloire....
Eh! bon Dieu! mon honneur, ma gloire,
Ne sauroient en être outragés;

On

On fait un acte méritoire,
En consolant les affligés. *bis.*

SCÈNE XII.

CHARLOTTE, NICAISE *à la fenêtre.*

NICAISE.

TIENS! c'est vous, Mamzelle?

CHARLOTTE.

Oui, mon ami; comme te voilà seul!

NICAISE.

C'est que l'parrain qui s'intéresse à ma santé, a eu peur que je ne fasse trop d'ouvrage en son absence.

CHARLOTTE.

Ce serait pourtant bien le moment de travailler.

NICAISE.

A vot' portrait, pas vrai?

CHARLOTTE.

Frippon! tu en reviens toujours là...Tu m'aimes donc?

NICAISE.

Si je vous aime!

AIR: *Dame Charlotte.*

Dam' Charlotte, (*bis.*)
D'honneur
Vous êtes dans mon cœur...
Je ne crois pas qu'on vous en ôte,
Dam' Charlotte, (*bis.*)

CHARLOTTE.

Comme tu es séduisant!

NICAISE.

AIR: *De la Forêt Noire.*

Dans mon joli petit réduit,
Venez trouver Nicaise;
Tous deux à vot' portrait sans bruit,
J'travaillerons à notre aise.

CHARLOTTE.

Mais dans ta chambre on n'y voit pas,
Autre embarras!
Puis une voix me dit tout bas;

Belle, si vous voulez, si vous voulez m'en croire,
N'allez pas, n'allez pas dans la chambre noire.

NICAISE.

Bah! vous avez des peurs! laissez donc, c'est un enfantillage: venez, venez.

CHARLOTTE.

Même Air.

Au reste, que puis-je risquer!
Rien du tout, j'imagine,
Pour qu'on en puisse critiquer,
Il faut qu'on le devine;
Péché caché
N'est plus péché,
Dit un docteur.
D'ailleurs Nicaise a de l'honneur.

(*Elle ouvre la porte pour entrer, Nicaise sort par la croisée, et ferme la porte à double tour.*)

NICAISE.

D'l'honneur j'en ai beaucoup, aussi vous pouvez croire
Qu'avec vous j'n'irai pas dans la chambre noire.

CHARLOTTE, *en dedans.*

Nicaise? Nicaise? je n'y vois goute.

NICAISE.

J'crois ben: j'ai fermé les volets au cadenat.... Rose, Rose, viens vite, nous sommes libres; oh! c'te pauvre Charlotte.

AIR: *Un beau jour la petite Isabelle.*

Nous allons voir un beau tapage,
Quand j'vas lui tomber sous la main;
Ell' se désespère, elle enrage:
Elle va se plaindre à mon parrain;
En vérité c'est bien dommage
D'tromper un si joli tendron:
Ça n'est pas sage... (*bis.*)
Non, non.... non:
J'm'en vas lui dire enfin ma chère:
N'vous fâchez pas de c'tour-là: car j'peux bien....
Vous jurer qu'aujourd'hui
Tel qui fait très-bien ses affaires
N'les a fait's qu'aux dépens d'autrui.

SCÈNE XIII.

ROSE, NICAISE.

ROSE.

Me voilà....Eh! comment as-tu donc fait pour sortir?

NICAISE.

C'est Charlotte qui nous a fait ce plaisir-là.

ROSE.

Charlotte.... Eh! où est-elle?

NICAISE.

Elle est là-haut.... Elle attend que je lui donne séance pour la peindre en Vénus.

ROSE.

Rien que ça? ce n'est pas mal pour elle.

NICAISE.

Ah! ça, nous voilà les maîtres de la maison, Mamzelle Rose, j'vous régale.

ROSE.

Comment tu me régales?... En l'absence de mon tuteur?

NICAISE.

Certainement: qu'est-ce que cela fait donc?... Tenez, tandis que je vais préparer mes petites affaires, faites-moi le plaisir d'aller chercher du vin.

ROSE.

Mais, Nicaise.... si l'on venait à savoir....

NICAISE.

Que nous avons goûté ensemble? j'crois qu'un cousin peut traiter sa cousine sans qu'on y trouve à redire.

ROSE.

Vous me promettez sur-tout d'être sage?

NICAISE.

Eh, mon Dieu! je le suis trop; demandez plutôt à Charlotte.

SCÈNE XIV.

NICAISE *seul.*

DÉPÊCHONS-NOUS... Oh ! il n'y a rien de bien pressé ; mon parrain ne rentrera pas de si-tôt ; quant à la vieille Vénus, elle tient compagnie aux petits amours qui sont dans ma chambre ; ainsi je suis bien tranquille... Il ne nous manque rien, je crois... Non, c'est bien.

AIR : *Je suis né natif de Ferrare.*

Voilà sur table deux assiettes,
Deux verres, deux couteaux, deux serviettes ;
Pour deux nous avons un chapon,
Et deux tranches de bon jambon ! (*bis.*)
C'est bien doux, un p'tit tête-à-tête ;
Quand l'amour préside à la fête,
D'n'êtr' que deux, et pourtant queuq'fois ;
Il arrive que l'on est trois. (*bis.*)

Rose est bien long-temps à revenir... Ah ! mon Dieu que je suis bête ! je la prie d'aller à la cave, et j'ai la clef dans ma poche... Rose, Rose... Ma cousine.

SCÈNE XV.

VERMILLON *seul entrant avec humeur.*

IL faut avouer que cette ville est un séjour bien désagréable.

AIR : *Consolez-vous avec les autres.*

Pour rembourser ce qui m'est dû,
Je vais, je viens, peine inutile !
Sans pouvoir toucher un écu,
J'ai parcouru toute la ville :
Chacun m'éconduit poliment.

J'ai beau dire ; mais, Messieurs, je n'ai pas le sou, on me répond en riant.

Eh bien, quels chagrins sont les vôtres !
Mon cher, vous n'avez point d'argent ;
Consolez-vous avec les autres. (*bis.*)

Ah ! ah ! une table servie !... Qu'est-ce que cela veut dire ? comment ! est-ce que Charlotte en mon absence régalerait des étrangers chez moi ?... O ciel ! à qui se fier désormais... Car enfin ce ne peut être qu'elle... Tout est bien dans l'état où je l'ai laissé... Voyons cependant Rose... Rose... Elle ne répond point... Rose... Est-ce que de chagrin elle se serait trouvée mal... Voyons cela vite. (*Il entre dans la chambre.*)

SCÈNE XVI.

ROSE, NICAISE, VERMILLON, *caché.*

ROSE.

AIR : *De la Monaco.*

C'EST téméraire, c'est imprudent,
De m'suivre au caveau sans chandelle ;
Je n'aurais pas cru mon amant
Capable d'un tour si méchant.

NICAISE.

A tort vous vous plaignez, Mamzelle,
Nicaise n'la pas fait exprès ;
Et puis d'ailleurs près d'une belle,
J'gage que l'amour ne dit jamais,
Qu'c'est téméraire, que c'est imprudent
D'aller au caveau sans chandelle ;
Car les ténèbres dans tous les temps
Sont la lumière des amans.

ROSE.

Quoiqu'il en soit, Monsieur, c'est fort mal.

NICAISE.

Tenez, cousine, n'parlons pas d'ça.... Mettons-nous à table cela vaudra mieux.

VERMILLON, *à la fenêtre.*

Ah ! ce sont eux : je suis curieux de savoir comment les fripons vont s'expliquer sur mon compte... Écoutons.

NICAISE.

A vous, cousine, ... A moi. ...

ROSE.

Merci.

NICAISE.

Buvons un coup.

ROSE.

Volontiers.

NICAISE.

A vot' santé Mamzelle Rose.

ROSE.

Je suis pourtant fâchée que mon tuteur ne goûte pas avec nous.... S'il vient à le savoir, il pourroit nous renvoyer de chez lui.

NICAISE.

Oh! que non; il est brusque, mais il nous aime bien, et il seroit aussi fâché de nous perdre, que nous le serions de le quitter.... Buvons à sa santé....

ROSE.

Excellente idée.... à vot' santé parrain.

VERMILLON.

Jusqu'à présent il n'y a pas de quoi se fâcher.

SCÈNE XVII *et dernière.*

LES PRÉCÉDENS, CHARLOTTE, *à la fenêtre.*

CHARLOTTE.

ENFIN je suis parvenue à ouvrir la fenêtre.... Que vois-je! ah! le malheureux, quel tour perfide il, m'a joué!

VERMILLON.

Comment! la vieille Charlotte dans la chambre de Nicaise!

CHARLOTTE.

Voilà donc comme tu me traites, frippon?

NICAISE.

Tiens! et comment qu'vous avez donc fait pour forcer les portes et la fenêtre.

CHARLOTTE.

Veux-tu bien venir m'ouvrir la porte, petit traitre.

NICAISE.

En vérité, Mamzelle Charlotte, vos provisions sont délicieuses.

VERMILLON.

Ah! c'est la vieille qui a fourni le dîner: c'est bien.

CHARLOTTE.

M'ouvriras-tu, tout-à-l'heure?

NICAISE.

AIR : *De Cadet Roussel.*

Mamzelle Charlotte à vot' santé.

Répondez donc.

Vous avez bien de la bonté :
Notre repas est délectable ;

CHARLOTTE.

Vous m'avez fait un tour pendable.
Ah ! oui vraiment,
Cadet Nicaise est bon enfant.

NICAISE.

Écoutez, Mamzelle, j'veux ben vous rendre la liberté ; mais à deux conditions ; c'est que vous ne direz rien au parrain de ce qui s'est passé.

VERMILLON.

Voilà un secret bien gardé.

NICAISE.

Et qu'ensuite il ne sera plus question entre nous que de bonne amitié.

CHARLOTTE.

AIR : *Réveillez-vous belle endormie.*

Je promets puisqu'il faut promettre,
Je promets de me détacher ;
On est bien forcé de permettre
Ce qu'on ne sauroit empêcher.

NICAISE.

Vous êtes charmante.... Allons, cousine, rien ne s'oppose plus à notre bonheur.

VERMILLON.

Et moi donc ? est-ce que vous me comptez pour rien ?

ROSE ET NICAISE.

O ciel !

NICAISE.

Ah ! mon Dieu, nous sommes perdus ; hé ! vite, vite ; ôtons tout cela.

CHARLOTTE, *en sortant.*

Eh bien ! qu'est-ce donc qu'ils ont ? est-ce qu'ils sont devenus foux ?

NICAISE.

Laissez donc ; le parrain est là qui a tout vu, tout entendu.

CHARLOTTE.

Pas possible !

VERMILLON.

Voilà donc la conduite que l'on tient en mon absence ? n'avez-vous pas de honte à votre âge d'aller vous enfermer dans la chambre d'un jeune homme ?

NICAISE.

Oh ! ça Parrain, j'vous promets qu'elle y a été toute seule.

VERMILLON.

Silence, bon sujet.... Vous mériteriez bien que je vous misse à la porte.... Pour vous, Monsieur et Mademoiselle, je suis las de veiller sur votre conduite ; c'est un fardeau dont je veux me débarrasser.... Je vous remets à l'un et à l'autre les fonds destinés à votre établissement ; arrangez vous comme vous l'entendrez ; et laissez-moi tranquille.

www.ingramcontent.com/pod-product-compliance
Ingram Content Group UK Ltd.
Pitfield, Milton Keynes, MK11 3LW, UK
UKHW032034260826
14628UKWH00006B/2946

9 782019 132965